AU PIED DU MUR

COMÉDIE

EN UN ACTE

PAR

ÉMILE DE NAJAC

※

PARIS
LIBRAIRIE DES AUTEURS
10, RUE DE LA BOURSE, 10

1866
— Tous droits réservés —

AU PIED DU MUR

COMÉDIE

LIBRAIRIE DRAMATIQUE

10 RUE DE LA BOURSE, 10

DU MÊME AUTEUR

Le Capitaine Bitterlin, comédie un un acte. In-18 anglais..	1 fr.	»
La Fille de trente ans, comédie en quatre actes. In-18...	2	»
Un Mariage de Paris, comédie en trois actes. In-18....	1	50
Les Oiseaux en cage, comédie en un acte. In-18........	1	»
La Poule et ses Poussins, comédie en deux actes. In-18.......................................	1	50
Vente au profit des Pauvres, comédie en un acte. In-18.......................................	1	»

AU PIED DU MUR

COMÉDIE

UN ACTE

PAR

ÉMILE DE NAJAC

PARIS

LIBRAIRIE DES AUTEURS

10, RUE DE LA BOURSE, 10

1866

— Tous droits réservés —

PERSONNAGES

—o—o—

TRISTAN.......................... M. COQUELIN.

GABRIELLE....................... Mme EMMA-FLEURY.

UN JARDINIER, personnage muet.

Paris. — Typ. Morris et Comp., 64, rue Amelot.

AU PIED DU MUR

L'extrémité du parc d'un pensionnat de demoiselles dans les environs de Paris. Mur au fond. Grands arbres, allée sablée. Un banc dans un massif, à droite.

SCÈNE PREMIÈRE

GABRIELLE, *assise sur le banc, dans le massif. Elle tient un livre à la main. Elle lit.*

« Philippe avait répudié l'altière Olympias, pour épouser Cléopâtre, nièce d'Attale. Alexandre, irrité... » (*A elle-même.*) Les portes de la pension s'ouvrent enfin pour moi ; j'embrasse mes petites compagnes, qui envient mon sort ; je dis adieu à madame, qui me fait un beau sermon que je n'écoute pas... je monte en voiture, et fouette, cocher ! J'arrive au château... Ah ! mon Dieu ! quel tapage ! quel vacarme ! Aboiements, hourras, fanfares ! c'est le retour de la chasse ; le cerf a été forcé... — Mon oncle, mon cher oncle, c'est moi, Gabrielle !... — Et mon oncle me presse sur son cœur en sonnant l'hallali, ton, ton, tontaine et ton ton... (*Elle lit.*) «...Alexandre, irrité de l'affront fait à sa mère, la conduisit... » (*A elle-même.*) Quel est le chasseur de mon oncle qui deviendra mon mari...? C'est encore pour moi un bel inconnu, dessiné en forme de point d'interrogation... Dieu !

que je m'ennuie !... (*Elle lit.*) «... De l'affront fait à sa mère, la conduisit en Épire et passa lui-même... » (*Une pierre enveloppée d'un papier, lancée par-dessus le mur, tombe à ses pieds.*) Ah !... Voilà un papier qui, à coup sûr, ne tombe pas du ciel... il a donc été lancé de l'autre côté du mur... par qui ? Je l'ignore. Pour qui ? Comment le saurais-je si je n'étais pas curieuse ? (*Elle jette la pierre et va pour lire le papier.*) Ai-je bien le droit de me rendre ainsi la confidente d'un secret ?... Oh ! je suis très-discrète ! et, d'ailleurs, quel parti prendre ? Si je remets ce billet sur le sable de l'allée, le jardinier, en faisant sa ronde, le découvrira et le portera à madame ; si je le détruis, je laisse mourir d'inquiétude une de mes bonnes amies ; tandis qu'en le lisant, je... et puis, qui sait ?... dam ! c'est peut-être pour moi... (*Elle lit.*) « Ma chère Marie... » *A elle-même.*) Je me nomme Gabrielle. (*Avec regret.*) Ce n'est pas pour moi... « Ma chère Marie... » laquelle ?... Il y a dix-sept Maries seulement parmi les grandes... La suite m'apprendra sans doute... (*Elle lit.*) « Ma chère Marie, l'amour
» impose des devoirs sacrés ; je vous aime, je saurai les
» remplir ; si vous m'aimez, faites comme moi. Votre père
» veut vous unir à votre cousin Vermillac ; rassurez-vous,
» je connais un moyen de vous soustraire à cet odieux
» mariage ; trouvez-vous au fond du parc, après la récréa-
» tion du soir, et je vous le dirai. — *Post-scriptum.* Je
» prie la pensionnaire charitable qui ramassera ce billet de
» vouloir bien le remettre en secret à ma chère Marie. —
» Merci pour elle et pour moi. » — De tous les cousins de ces demoiselles, il n'y en a qu'un du nom de Vermillac, et c'est Marie de Chambois qui le possède... ma meilleure amie... Elle m'a bien souvent parlé de son cousin, qu'elle doit en effet épouser ; mais elle ne m'a jamais rien dit de... de l'autre qui attend là... derrière le mur... Je

comprends... dans la situation de son père, elle ne peut pas faire autrement que de... (*On entend une cloche.*) Ah! voilà la fin de la récréation... pour les autres... mais pas pour moi... Il y a longtemps que je ne suis plus les classes. J'ai fini, et, quand mon oncle voudra... Marie a vraiment du bonheur... Deux!... elle en a deux!... son cousin et le monsieur qui est là!... J'en ai bien un, moi aussi, mon cousin de Joyeuse... mais il ne compte pas !... nous nous sommes quittés tout enfants, je ne l'ai plus revu, et je sais que le jour où mon oncle lui proposa de m'épouser, il a répondu : «J'aime mieux me faire tuer...» C'est ça qui est aimable! Voyons, que faut-il que je fasse?... Je ne sais vraiment pas si, malgré le post-scriptum, je dois...

SCÈNE II

GABRIELLE, TRISTAN.

TRISTAN, *passant la tête par-dessus le mur.*

C'est moi !

GABRIELLE, *se retournant et poussant un léger cri.*

Ah!...

TRISTAN, *très-gaiement.*

Tiens! ce n'est pas elle!... Pardon, mademoiselle, je vous dérange peut-être?...

GABRIELLE.

Non, monsieur, mais...

TRISTAN, *se mettant à cheval sur le mur.*

Vous n'attendez donc pas quelqu'un, vous aussi?

GABRIELLE.

Mais non, monsieur....

TRISTAN.

Alors, je puis, sans indiscrétion... (*Il saute à terre.*)

GABRIELLE.

Que faites-vous?

TRISTAN.

J'escalade, pas autre chose. (*Allant à elle.*) Excusez-moi, mademoiselle, si je me présente à vous comme un voleur... je vous donne ma parole d'honneur que je ne fais partie d'aucune bande... Je viens ici dans une intention beaucoup plus honnête et que vous avez devinée déjà... si j'en crois ce fin sourire qui se dessine sur vos lèvres... Connaîtriez-vous mademoiselle Marie de Chambois?

GABRIELLE.

C'est ma meilleure amie.

TRISTAN.

Mais alors, c'est peut-être elle qui vous envoie... Ah! mon Dieu! je tremble de connaître la vérité. Serait-elle souffrante? Renoncerait-elle à moi? Ne m'aimerait-elle pas?... Je vous en prie, mademoiselle, tirez-moi vite d'inquiétude.

GABRIELLE.

Rassurez-vous, monsieur, ce n'est pas Marie qui m'a priée de me trouver ici à cette heure...

TRISTAN.

Ah! merci, mademoiselle; vous me soulagez d'un grand poids. J'en étais sûr, elle va venir.

GABRIELLE.

Non, monsieur, elle ne viendra pas.

TRISTAN.

Elle n'a donc pas reçu mon billet ?

GABRIELLE.

Le voici.

TRISTAN.

Vous ne le lui avez pas remis ? Vous n'avez donc pas été jusqu'au post-scriptum ?

GABRIELLE.

Si fait, monsieur, j'ai tout lu.

TRISTAN.

Eh bien, mademoiselle, s'il est vrai que Marie soit votre amie, ne tardez pas plus longtemps. Elle doit être en classe en ce moment, vous lui glisserez mon épître dans son cahier de devoirs. Ce sont de ces petits services que l'on se rend tous les jours à la pension entre bonnes amies. Pourquoi hésiteriez-vous ?... Songez qu'il y va de son bonheur; hâtez-vous donc, mademoiselle ; j'attendrai votre retour blotti dans quelque massif, et j'appellerai de tous mes vœux le jour fortuné où celui que vous aimez escaladera le mur, lui aussi, pour vous offrir son cœur et sa main. La place est bonne, il faudra la lui indiquer! Ah! vous riez... Victoire ! Vous allez courir !

GABRIELLE.

Je courrai peut-être... et encore à une condition.

TRISTAN.

Je suis prêt à tout. Qu'exigez-vous de moi ?

GABRIELLE.

Toute la vérité.

TRISTAN.

Comment donc! c'est trop juste. Eh bien, mademoiselle, il y a six mois environ, un jour de vacances, comme je revenais d'Afrique, avec une blessure, mon grade de lieutenant et ma démission, je la vis pour la première fois, à l'ambassade d'Angleterre, manger un petit pain français. Ah! mademoiselle! avec quelle grâce et quel appétit elle le dévorait! Elle le tenait, comme un écureuil, de ses deux mains dégantées jusqu'au delà du coude; et, pendant que ses lèvres roses et ses dents blanches rivalisaient d'un zèle délicieusement glouton, les miettes tombaient effrontément sur ses épaules nues... Elle en prit un autre, puis un autre... elle étouffait... Je lui offris un verre de vin de Champagne. « Merci, monsieur, » me dit-elle, et elle le dégusta avec une véritable satisfaction!... Moi, j'étais déjà ivre de bonheur et d'amour. Ce simple fait gastronomique décida de ma vie. Depuis ce jour je cherchai toutes les occasions de la rencontrer. Je lui parlai hardiment de mon amour, à la zouave! J'ai servi dans les zouaves, mademoiselle; elle ne me répondait pas..... mais elle ne se fâchait pas..... je lui écrivis des volumes; elle ne me répondait pas!..... mais certain serrement de main..... Bref, je me croyais suffisamment autorisé à me présenter comme prétendant à son père, lorsque, l'autre jour, j'appris son prochain mariage avec ce cousin de Vermillac. Désespéré, furieux, je résolus de l'empêcher à tout prix. Je n'avais qu'un moyen, escalader le mur, c'est fait! la prévenir, cela va être fait, grâce à vous!... quant au reste, je m'en charge. Voilà mon roman, mademoiselle; il est court, c'est un mérite. Est-il intéressant? c'est une question qui vous reste à résoudre, vous, mon juge; et... j'attends votre arrêt.

GABRIELLE.

Ainsi Marie a su vous plaire parce qu'elle vous a semblé gourmande.

TRISTAN.

Je ne m'en défends pas! La gourmandise est une preuve de bonne santé... et la bonne santé est le plus beau fleuron de l'amour. Foin des amants chétifs, malingres, souffreteux qui s'en vont tout mélancoliquement *ad patres* au milieu des pleurs et des gémissements, des regrets et des désespoirs!... Moi, quand j'aime, j'aime à rire; et l'on ne rit bien qu'en se portant bien. Des amants robustes et gaillards, il est vrai, sans rime ni raison se lamentent, se désolent et se suicident par partie de plaisir; mais les malheureux ne savent pas vivre, et je n'aurais garde de les imiter. L'amour, c'est la gaieté du cœur, la joie de l'âme, l'enivrement de tout notre être; c'est un soleil dans la nuit, un printemps dans l'hiver, un long éclat de rire dans la vie! Ainsi pensaient nos pères, de joyeuse mémoire, et ils avaient raison, pâques Dieu! Vive l'amour qui fait rire! Eh! quoi, mademoiselle, vous n'êtes pas encore partie?

GABRIELLE.

Un dernier mot! Qu'allez-vous dire à Marie, monsieur le rieur?

TRISTAN.

D'abord que je l'aime!

GABRIELLE.

Et puis...?

TRISTAN.

Que je l'enlève.

GABRIELE, *effarouchée*.

Plaît-il ?

TRISTAN.

Oh ! le plus convenablement du monde, je vous jure. J'ai tout préparé à cette intention ; j'ai aperçu par là une échelle contre un prunier ; avec son aide, Marie franchira le mur ; de l'autre côté nous attend une voiture qui nous conduira à la gare du Nord ; là, nous prendrons le premier train qui partira soit pour Londres, soit pour Bruxelles. Oh ! je n'ai rien oublié ! Pour la distraire pendant le voyage, j'ai bourré mes poches de bonbons et de chatteries... pralines à l'ananas, caramels variés, fondants au lait de coco, voire une demi-douzaine de ces petits pains français quelle adore... (*Tirant un sac.*) En voulez-vous ?

GABRIELLE, *souriant*.

Je vous remercie... Et une fois à l'étranger ?...

TRISTAN.

J'écris immédiatement à son père, qui ne peut plus faire autrement que de consentir à notre mariage. Vous voyez, mademoiselle, que mes intentions sont honnêtes et que vous ne devez pas hésiter plus longtemps...

GABRIELLE.

A porter ce billet à Marie ?... Non, en effet, si vous l'exigez encore après tout ce qui me reste à vous dire. Je laisse à votre honneur et à votre délicatesse le soin de décider.

TRISTAN.

Je vous écoute.

GABRIELLE.

Connaissez-vous l'histoire de monsieur de Chambois?

TRISTAN.

Non !

GABRIELLE.

La voici en deux mots. Monsieur de Chambois, qui n'a jamais eu beaucoup de fortune, aimait les sciences à la folie. Il chercha la solution de problèmes impossibles, et il y perdit, sans s'en douter, le peu qu'il possédait.

TRISTAN.

Quoi !... ruiné?

GABRIELLE.

Complétement. A la mort de sa femme, il mit sa fille ici, en pension, et se retira à Paris dans un modeste appartement de la rue Cassette. Il allait peu dans le monde et ne recevait personne intimement, si ce n'est son neveu Vermillac, qui s'éprit tout de suite de sa cousine, découvrit bientôt la triste situation de son oncle et y pourvut en glissant chaque mois de l'or dans les tiroirs vides. Monsieur de Chambois comprit qu'il n'avait plus rien, le jour seulement où il surprit son bienfaiteur la main dans le sac. Le pauvre homme était désolé pour sa fille d'abord, pour son neveu ensuite. Comment jamais reconnaître tant de générosité? Marie parut en ce moment; il saisit au passage un regard de son neveu, il devina tout. — Ah ! s'il est vrai que tu l'aimes, s'écria-t-il, les larmes aux yeux, je puis encore m'acquitter. Ma fille est le seul bien qui me reste, prends-la, elle est à toi. » Monsieur de Vermillac n'eut pas la force de dire non...

TRISTAN.

Et Marie?

GABRIELLE.

Eut le courage de dire oui; elle était la reconnaissance vivante de son père. Refuser, c'était en faire un ingrat; il serait mort de chagrin. Vous ne riez plus?

TRISTAN, *ému.*

Non! pas précisément.

GABRIELLE.

Elle ne m'a jamais parlé de vous... Mais chaque fois qu'elle me parlait de son cousin, je lisais dans ses yeux que sa pensée était à un autre. Que cet autre soit vous, c'est possible!

TRISTAN.

C'est sûr.

GABRIELLE.

Je le veux bien. En êtes-vous plus avancé? Si je lui remets ce billet, de deux choses l'une : ou elle résistera ou elle cédera à l'élan de son cœur. Dans le premier cas, elle sera malheureuse, mais elle aura fait son devoir; dans le second, elle sera coupable, et le remords la poursuivra toute sa vie.

TRISTAN.

C'est vrai!

GABRIELLE.

Eh bien, monsieur, que décidez-vous? Je suis prête à vous obéir.

TRISTAN.

Non!... Je ne peux pas... je ne dois pas!... Donnez! (*Il prend le billet et le déchire.*)

GABRIELLE.

Ah! c'est bien, cela! C'est très-bien!

TRISTAN.

N'est-ce pas? Mais alors qu'est-ce que je suis venu faire ici?...

GABRIELLE.

Une bonne action, qui vous sera comptée là-haut.

TRISTAN.

Ah! Marie! chère Marie!... Quand j'étais si près du bonheur... pourquoi faut-il...?

GABRIELLE.

Quoi!... Vous vous repentez déjà?

TRISTAN, *résolûment*.

Non! j'ai fait ce que je devais.

GABRIELLE.

Eh bien, monsieur, allez-vous-en.

TRISTAN.

Ah! Vous me renvoyez...

GABRIELLE.

Vous ne pouvez pas rester plus longtemps ici. La ronde du jardinier ne peut tarder. S'il nous surprenait, c'est moi qui...

TRISTAN.

C'est juste! Adieu, mademoiselle!

GABRIELLE, *s'éloignant.*

Adieu, monsieur !

TRISTAN, *grimpant sur le mur.*

Mademoiselle...

GABRIELLE, *revenant.*

Monsieur...

TRISTAN.

Voulez-vous me rendre un petit service?...

GABRIELLE.

Très-volontiers.

TRISTAN.

Eh bien! quand mademoiselle de Chambois sera mariée, apprenez-lui pourquoi et comment Tristan de Joyeuse...

GABRIELLE, *poussant un cri, à part.*

Ah ! c'est mon cousin !

TRISTAN.

Plaît-il?...

GABRIELLE.

Rien.

TRISTAN.

Vous me promettez de dire à Marie...?

GABRIELLE, *gaiement.*

Tout! oh! oui, monsieur!... Adieu, monsieur.

TRISTAN.

Adieu, mademoiselle! (*Gabrielle sort par la gauche.*)

SCÈNE III

TRISTAN, *seul sur le mur.*

J'ai fait là une belle campagne. Ah! mon cocher va bien rire en me voyant revenir seul; mais moi je ne rirai pas... Je m'étais promis cependant... Allons! l'amour n'est pas toujours aussi gai que je me le figurais! C'est à vous en guérir pour la vie. Eh! Tristan, mon cher ami, penses-tu sérieusement à ce que tu dis là? Eh! non! morbleu! J'ai ce soir du sang de Chérubin dans les veines... je me sens de force à aimer toutes les... Tiens! j'ai oublié de demander son nom à la petite pensionnaire de tout à l'heure... Tant pis! j'aurais eu du plaisir à me le rappeler... ce n'est pas qu'elle m'ait été précisément agréable... bien au contraire... mais elle m'a fait comprendre que j'allais mal agir... elle m'a remis dans le droit chemin, et depuis un instant, grâce à elle, je me sens meilleur... c'est quelque chose... Allons! ravisseur manqué, en route! (*Passant de l'autre côté du mur.*) Je suis sûr qu'elle aura une bonne opinion de moi; et, si jamais je la rencontre dans le monde... Ah! ah! je rirai bien... (*Disparaissant.*) Bonsoir, mesdemoiselles! dormez en paix... le loup se retire. (*On ne voit plus que sa tête.*) Tiens! qui vient de ce côté? (*Il regarde par la gauche.*) On dirait la Dame blanche... moins la musique de Boieldieu. Eh! je ne me trompe pas! c'est ma petite pensionnaire... Tiens! tiens! Pourquoi revient-elle par ici?

SCÈNE IV

TRISTAN, *de l'autre côté du mur*: GABRIELLE.

GABRIELLE, *entrant par la gauche, à part.*

J'allais commettre une grave imprudence! Si demain matin on avait découvert les pas de... mon cousin... sur le sable de l'allée... près de l'endroit où je me tiens toujours... quelle affaire! Heureusement l'idée m'est venue à temps de les effacer. (*Avec son pied elle efface les traces des pas.*)

TRISTAN, *à part.*

Que fait-elle donc?

GABRIELLE, *regardant à la dérobée du côté du mur, à part.*

Il est encore là. (*Tout en effaçant les traces des pas*). S'il savait qui je suis, le vilain garçon se serait enfui avec plus d'empressement, j'en suis sûre. J'ai bien fait de ne pas me nommer.

TRISTAN, *à part.*

Je comprends! Elle craint d'être compromise et elle efface... (*Haut.*) Mademoiselle!

GABRIELLE, *feignant la surprise.*

Comment! Vous n'êtes pas parti!

TRISTAN.

J'achève de descendre... prudemment, pour ne pas me rompre le cou... Un dernier mot, mademoiselle.

GABRIELLE.

Quoi encore ?

TRISTAN.

Je désirerais connaître votre nom, afin de pouvoir baptiser le charmant souvenir que j'emporte de vous.

GABRIELLE.

C'est inutile, monsieur.

TRISTAN.

Vous me refusez ?

GABRIELLE.

Je vous en prie, monsieur, descendez !...

TRISTAN.

C'est bien, mademoiselle, je descends... je descends. (*On entend les aboiements d'un chien; Tristan remonte précipitamment.*) Mademoiselle, il y a un chien énorme qui me guette au pied du mur.

GABRIELLE.

Qu'est-ce que cela fait ?

TRISTAN, *à cheval sur le mur*.

Mais, mademoiselle, il me paraît féroce, et je n'ai pas envie d'être mordu.

GABRIELLE.

Mais, monsieur, s'il continue d'aboyer, on va venir, et je suis perdue !

TRISTAN.

Certainement j'aime mieux être mordu que de vous per-

dre ; j'avoue cependant que s'il y avait un autre moyen...
(*Le chien aboie plus fort.*)

GABRIELLE.

Que ne le faites-vous taire ?... peut-être qu'en lui parlant doucement....

TRISTAN.

Nous allons bien voir ! (*Parlant au chien.*) Allons donc ! Stopp ! Black ! Mirza !... mon bon chien ! Veux-tu bien te taire, méchante bête ! (*Aboiements plus forts.*) Mademoiselle, ni la douceur ni les menaces...

GABRIELLE, *partant d'un éclat de rire.*

Ah ! ah ! ah !

TRISTAN.

Hein ! vous riez maintenant ?

GABRIELLE, *riant.*

Vous faites une si drôle de figure sur le dos de ce mur !

TRISTAN.

Vous êtes bien bonne, mademoiselle. (*Aboiements sans interruption.*)

GABRIELLE.

Ah ! mon Dieu ! ses aboiements redoublent !

TRISTAN.

Tant qu'il me verra, il aboiera.

GABRIELLE.

Eh bien ! monsieur, ne vous montrez plus à lui.

TRISTAN.

Quant à ça, volontiers! (*Il saute à terre.*)

GABRIELLE.

Oh ciel! que faites-vous?

TRISTAN.

J'enlève à ce chien tout prétexte d'aboyer. Eh! tenez! il ne dit plus rien.

GABRIELLE.

Vous ne resterez pas longtemps ici?

TRISTAN.

Le temps de dépister ce maudit animal.

GABRIELLE.

C'est bien! Adieu, monsieur.

TRISTAN, *la retenant.*

Quoi!... déjà?

GABRIELLE.

Déjà?... Mais voilà une heure, monsieur, que je suis ici, et si l'on s'aperçoit de mon absence.....

TRISTAN.

Eh bien?

GABRIELLE.

On me punira.

TRISTAN

Sévèrement?

GABRIELLE.

Oui, certes, et c'est à vous que je le devrai.

TRISTAN.

Encore une minute, de grâce, et je ne vous retiens plus.

GABRIELLE.

A quoi bon?

TRISTAN.

Ne vous est-il jamais arrivé, mademoiselle, de rencontrer pour la première fois un visage sympathique, de causer une heure seulement avec la personne qui le porte, et de vous dire : C'est étrange! il me semble que nous nous connaissons depuis longtemps déjà. Eh bien, mademoiselle! j'en suis là avec vous. Je vous vois pour la première fois... je cause avec vous depuis une heure à peine... et je me dis : C'est étrange! il me semble que nous sommes de vieux amis.

GABRIELLE, *ingénument*.

C'est vrai!

TRISTAN, *avec joie*.

Ah!

GABRIELLE, *lui imposant silence*.

Chut! avez-vous entendu?

TRISTAN, *lui désignant la gauche*.

On vient de ce côté.

GABRIELLE, *à voix basse*.

C'est le jardinier, nous sommes perdus!

TRISTAN.

Voulez-vous que je le jette au chien?

GABRIELLE.

Mais non! venez!

TRISTAN.

Où?

GABRIELLE.

Dans ce massif. Surtout pas de bruit! (*Elle entre dans le massif. Tristan s'asseoit à côté d'elle sur le banc.*)

TRISTAN, *avec transport.*

Ah! quel...!

GABRIELLE, *lui mettant la main sur la bouche.*

Chut, donc! (*Tristan lui prend la main et la baise. Gabrielle veut la retirer.*) Monsieur!...

TRISTAN.

Chut donc! (*Il garde la main de Gabrielle dans la sienne.*)

SCÈNE V

GABRIELLE *et* TRISTAN, *cachés dans le massif*; LE JARDINIER. *Le Jardinier, un bâton à la main, s'avance avec précaution, en regardant de tous côtés; il s'arrête un instant au pied du mur, examine le sable de l'allée, puis fait un signe de tête négatif, traverse le théâtre et sort par la droite. Pendant cette scène Tristan tient dans ses mains la main de Gabrielle, qui baisse les yeux.*

SCÈNE VI

GABRIELLE, TRISTAN.

GABRIELLE, *voulant se lever.*

Il s'éloigne.

TRISTAN, *la retenant par la main.*

Nous sommes si bien ici !

GABRIELLE, *même jeu de scène.*

Mais voici la nuit, monsieur !

TRISTAN, *même jeu.*

Belle nuit d'été, mademoiselle !

GABRIELLE, *se dégageant.*

Bonsoir, monsieur. (*Elle s'éloigne du banc.*)

TRISTAN, *suppliant.*

Mademoiselle, de grâce... encore une toute petite minute. J'ai tant de choses à vous dire !

GABRIELLE, *avec malice.*

Pour Marie de Chambois ?

TRISTAN, *avec chagrin.*

Ah ! mademoiselle !... (*Riant, tout à coup.*) Ah ! ah ! ah ! au fait !

GABRIELLE.

Vous riez !

TRISTAN.

Oui ! quand je pense à mon aventure... elle est unique !... Je suis venu ici avec une idée bien arrêtée, et voici que je ne veux plus m'en aller, parce que j'ai une idée tout autre, également bien arrêtée. Il n'y a que moi pour ces accidents-là !

GABRIELLE, *piquée.*

Oui, et si une autre grande prenait ici ma place, vous changeriez encore d'idée, et ainsi de suite, jusqu'à ce que toute la pension y passât.

TRISTAN, *riant.*

Ah ! ah ! ah ! non ! par exemple !... je vous jure bien...

GABRIELLE, *se laissant aller à son dépit.*

Ah ! tenez, vous n'avez jamais été sérieux ! vous ne le serez jamais !

TRISTAN.

Comment ! je n'ai jamais été... ? vous me connaissez donc ?

GABRIELLE, *se reprenant.*

Non !... mais j'entends parler de vous.

TRISTAN.

Par qui ?

GABRIELLE.

Mais... par votre cousine...

TRISTAN.

Gabrielle !.. elle est ici ?...

GABRIELLE.

Ne le saviez-vous pas ?

TRISTAN.

Ma foi... je l'avais complétement oublié.

GABRIELLE.

Vraiment ?

TRISTAN.

Et elle vous parle de moi ?

GABRIELLE.

Toutes les fois que nous sommes seules.

TRISTAN.

Sait-elle que je l'ai refusée ?

GABRIELLE.

Oui !

TRISTAN.

M'en veut-elle ?

GABRIELLE.

Beaucoup.

TRISTAN.

Cette chère cousine !

GABRIELLE.

Qu'aviez-vous à lui reprocher ?

TRISTAN.

Absolument rien. Nous avions été élevés ensemble au château de notre oncle de Blançay, qui déjà, à cette époque, nous disait, en nous regardant manger nos tartines de confitures : « Mes enfants vous vous marierez ensemble, c'est » entendu ; Gabrielle, voici ton mari ! Tristan, voilà ta » femme ! » Et moi, ça m'agaçait, ça m'irritait qu'il eût disposé de moi avant moi-même. Un beau jour on nous sépara. Elle avait cinq ans, moi dix. J'entrai au collége, je fis mes études ; et, mes études terminées, je cherchai une carrière ; j'étais avocat. C'est alors que notre oncle me dit : « Eh bien ! mon garçon, voilà le moment d'épouser ta » cousine ; avoir une femme et des enfants, c'est une car- » rière qui en vaut bien une autre ! » Ma foi ! je n'y tins plus ! « Non ! mon oncle, m'écriai-je, il ne sera pas dit que » l'on me mariera sans ma volonté ; je n'épouserai jamais » ma cousine Gabrielle. » Là-dessus, mon oncle m'envoya promener ; je me fis soldat, et je partis pour l'Afrique.

GABRIELLE.

Vous n'avez jamais revu votre cousine ?

TRISTAN.

Je m'en serais bien gardé. Je craignais trop qu'elle ne m'épousât malgré moi. Elle avait autrefois un talent merveilleux pour me faire céder à tous ses caprices ; ce qui m'humiliait profondément.

GABRIELLE, *se mettant en face de lui.*

La reconnaîtriez-vous ?

TRISTAN.

Parbleu !

GABRIELLE.

Vous en êtes bien sûr ?

TRISTAN.

Je la vois encore !.. Qu'est-ce qu'elle vous a dit de moi ?

GABRIELLE.

Du mal !

TRISTAN.

Beaucoup ?

GABRIELLE.

Énormément !

TRISTAN.

Quoi encore ?

GABRIELLE.

Elle vous reproche d'abord de n'avoir ni cœur ni tête.

TRISTAN.

D'abord ? qu'est-ce qui lui restera donc pour *ensuite* ?

GABRIELLE.

Elle vous reproche ensuite de n'être pas sérieux, de ne

jamais savoir ce que vous voulez, de tourner à tout vent, comme une girouette. Enfin !...

TRISTAN.

Ah ! il y a un *enfin !*

GABRIELLE.

D'être un ingrat, qui ne pense plus à elle.

TRISTAN.

C'est faux !

GABRIELLE.

Un méchant, qui ne craint pas de faire de la peine aux gens !

TRISTAN.

C'est faux !

GABRIELLE.

« Si jamais tu le rencontres dans le monde, me dit-elle souvent, fuis-le comme la peste ; si, par impossible, il te demande ta main, cache-la dans ta poche. »

TRISTAN.

A-t-on jamais vu !... Ah ! petite scélérate de cousine !... Mademoiselle, je vous prie de ne pas croire un mot...

GABRIELLE.

Gabrielle n'a jamais menti, monsieur !

TRISTAN.

Oui ! je sais, quand on est furieux contre quelqu'un, on

en dit un mal atroce. On croit ne pas mentir, et cependant on ne fait pas autre chose. Si elle ne veut pas de moi, ce n'est point une raison pour...

GABRIELLE.

Gabrielle ne veut pas de vous parce que vous ne voulez pas d'elle. Elle vous aimait bien autrefois.

TRISTAN.

Mais elle était alors un baby de cinq ans, et moi un gamin de dix. Parce qu'on s'aime à cet âge-là, faut-il fatalement se condamner l'un à l'autre?... Avouez, mademoiselle, que la vie serait bien monotone si l'on devait suivre toujours le même sentier.

GABRIELLE.

Gabrielle vous aurait refusé avec plaisir, monsieur, si vous l'en aviez priée gentiment. Ce qu'elle désirait avant tout, c'était vous revoir, se souvenir avec vous du temps passé, et vous offrir une bonne et franche amitié en échange de son affection d'enfance.

TRISTAN.

Moi, je n'aurais pas demandé mieux. Pourquoi ne m'a-t-elle jamais écrit?

GABRIELLE.

Gabrielle a attendu longtemps, bien longtemps, le moindre mot de vous qui lui permît de vous répondre.

TRISTAN.

Elle n'a pas reçu de lettre de moi?

GABRIELLE.

Je le crois bien ! vous ne lui avez jamais écrit !

TRISTAN.

Voilà ce que c'est que de remettre toujours au lendemain...

GABRIELLE.

Elle ne méritait pas tant d'oubli, convenez-en !

TRISTAN.

J'en conviens.

GABRIELLE.

Elle vous aimait tant autrefois !... Quoique la plus jeune, elle était la plus raisonnable... bien souvent, elle vous empêchait de faire des sottises... quand elle n'y réussissait pas, elle s'accusait elle-même, pour que vous ne fussiez pas grondé.

TRISTAN.

C'est vrai !

GABRIELLE.

Quand vous aviez cassé vos jouets, elle vous donnait les siens... elle vous donnait ses bonbons d'étrennes quand vous aviez mangé tous les vôtres.

TRISTAN.

C'est vrai !

GABRIELLE.

Étiez-vous malade ? Elle pleurait à chaudes larmes, et priait le bon Dieu de lui passer les maux dont vous souffriez.

TRISTAN, *ému*.

Cette chère cousine!... Oui, c'est mal à moi de n'avoir pas voulu la revoir... D'ailleurs, cela n'engageait à rien!

GABRIELLE.

Nullement!

TRISTAN.

Et quand bien même!... En y réfléchissant, elle doit être la femme la plus aimante, la plus dévouée...

GABRIELLE, *souriant*.

Quel singulier garçon vous faites! Après Marie, vous avez pensé un instant à moi, si je ne me trompe; après moi, vous revenez à votre cousine; et tout cela en moins d'une heure!

TRISTAN, *riant*.

Oui, ma foi! Mais ce n'est pas ma faute, je vous jure, c'est la vôtre...

GABRIELLE.

La mienne!

TRISTAN.

Vous m'avez parlé de Marie, de Gabrielle et de vous, comme si vous aviez juré de me faire perdre la tête; je ne sais plus où j'en suis! C'est absurde ce que je vais vous dire; c'est pourtant la vérité; mon cœur bat à tout rompre! Ce n'est plus pour Marie, à coup sûr; pour qui donc? Est-ce pour Gabrielle? est-ce pour vous? je n'en sais absolument rien! Ne vous fâchez pas, et tirez-moi de peine, car c'est vous qui m'avez mis dans cet étrange et cruel embarras.

GABRIELLE, *riant.*

Ah! ah! ah! grand nigaud! va!

TRISTAN, *la reconnaissant.*

Gabrielle!... (*Il lui saute au cou, et l'embrasse. Se ravisant.*) C'est bien toi, au moins?...

GABRIELLE.

Il est temps de me le demander!

TRISTAN.

Non! de ma vie je n'ai été heureux comme aujourd'hui! Tu es bien changée, sais-tu?

GABRIELLE.

Et toi, donc?

TRISTAN.

Quand nous marions-nous?

GABRIELLE.

Quand tu voudras?

TRISTAN.

Bon! Je cours au château de notre oncle. Je l'éveille en sursaut, je lui fais ma demande; demain, nous venons le prendre, et dans quinze jours le mariage.

GABRIELLE.

Quand je pense qu'il a fallu te mettre au pied du mur..

TRISTAN, *riant.*

Oui, à la lettre et au figuré.... Ah! ah! ah! j'en rirai longtemps. (*On entend la cloche.*) Quelle est cette cloche?

GABRIELLE.

C'est l'heure du souper.

TRISTAN, *l'embrassant.*

Bon appétit, Gabrielle!

GABRIELLE.

Bonne chance, Tristan! Prends garde de te faire mal.

TRISTAN, *grimpant sur le mur.*

Ne crains rien! je ne te casserai pas ton mari. (*Il est à cheval sur le mur, on entend le chien qui aboie.*)

GABRIELLE.

Ah! mon Dieu! Encore un chien!

TRISTAN.

C'est toujours le même.

GABRIELLE.

Fais-le donc taire.

TRISTAN, *au chien.*

Mon ami, tout à l'heure tu remplissais un devoir. Maintenant, après ce qui vient d'être conclu, tu ne fais plus qu'une sottise. (*Nouveaux aboiemens.*) Il ne m'entend pas! — Ah! mes petits pains français. (*Il tire de sa poche un sac qu'il jette au chien*). Tiens, Cerbère. (*Le chien se tait.*

Tristan envoie des baisers à Gabrielle, tout en disparaissant de l'autre côté du mur.) Au revoir, cousine !

GABRIELLE, *les lui rendant.*

A bientôt cousin !

Tristan disparaît complètement. — Gabrielle, sort par la gauche.

FIN.

Paris. — Typ. Morris et Comp., rue Amelot, 64.

BIBLIOTHÈQUE SPÉCIALE
DE LA
SOCIÉTÉ DES AUTEURS ET COMPOSITEURS DRAMATIQUES
AGENT GÉNÉRAL : LOUIS LACOUR.

LIBRAIRIE DRAMATIQUE
10, RUE DE LA BOURSE, 10

EN VENTE

Le Tourbillon, comédie en cinq actes et six tableaux, par MICHEL CARRÉ et RAIMOND DESLANDES. Très-belle édition in-8°	3 50
Bas-de-Cuir, drame en cinq actes et huit tableaux, par MM. XAVIER DE MONTÉPIN et JULES DORNAY	1 50
Un Chef-d'œuvre en Sapin, divagation musicale en un acte, par M. MARQUET	» 60
Jeanne de Sommerive, drame en trois actes, par M. ALBERT MAURIN	2 »
Le Cadeau d'un Horloger, vaudeville en un acte, par M. HIPPOLYTE RIMBAUT	» 50
Un Monsieur qui a perdu son Mouchoir, vaudeville en un acte, par MM. ADOLPHE FAVRE et A. STEL	» 60
Théâtre choisi de G. LABOTTIÈRE aîné. Cinq vaudevilles et une opérette (pièces jouées)	1 »
Un Duel à trois, vaudeville en un acte, par M. ERNEST DUBREUIL	» 60
A la Salle de police, croquis militaire en un acte, par MM. P. DE RENNEVILLE et NANTULLE	» 60
Le Mangeur de fer à cheval, parodie en deux actes, par MM. J. DESCHAMPS et J. G. MAROT	» 60
La Charité, pièce de vers de circonstance, par MM. G. MAROT et J. DESCHAMPS	» 25
Prête-moi ton nom, vaudeville en un acte, par CHARLES DIGUET	» 60

TOUS LES OUVRAGES DU RÉPERTOIRE, ANCIEN ET MODERNE

Opéras, Tragédies, Comédies, Drames, Opéras comiques, Vaudevilles, Opérettes, Ballets, Pantomimes, Parodies, Revues, Chansonnettes
et tous les Classiques du théâtre

Se trouvent à la Librairie dramatique
10, rue de la Bourse, 10

LIBRAIRIE DES AUTEURS

10, RUE DE LA BOURSE, 10

EN VENTE

Le Tourbillon, comédie en cinq actes et six tableaux, par MICHEL CARRÉ et RAIMOND DESLANDES. Très-belle édition in-8°	3 50
Bas-de-Cuir, drame en cinq actes et huit tableaux, par MM. XAVIER DE MONTÉPIN et JULES DORNAY	1 50
Un Chef-d'Œuvre en Sapin, divagation musicale en un acte, par M. MARQUET	» 60
Jeanne de Sommerive, drame, par M. ALBERT MAURIN	2 »
Le Cadeau d'un Horloger, vaudeville en un acte, par M. HIPPOLYTE RIMBAUT	» 60
Un Monsieur qui a perdu son Mouchoir, vaudeville en un acte, par MM. ADOLPHE FAVRE et A. STEP	» 60
Théâtre choisi, de G. LABOTTIÈRE aîné. Cinq vaudevilles et une opérette (pièces jouées)	1 »
Un Duel à trois, comédie, par M. ERNEST DUBREUIL	» 60
Le Coup de Jarnac, drame en cinq actes, par MM. MESTÉPÈS et COUTURIER	1 50
Les Deux Arlequins, op. com. en un acte, par M. MESTÉPÈS	1 »
Rouen tan plan tire lire, féerie-revue en cinq actes, par MM. ALEXANDRE FLAN et LACOMBE	1 »
Paul et Virginie dans une mansarde, vaudeville en un acte, par MM. P. DE RENNEVILLE et A. SEGUIN	» 60
Mes Beaux Habits, comédie, par M. ALFRED TOUROUDE	1 »
La Paix à tout prix, comédie en trois actes, en vers, par M. ALFRED TOUROUDE	1 50
Les Duperies de l'esprit, comédie en un acte, en vers, par M. A. TOUROUDE	1 »
Le Portrait de Séraphine, opéra comique en un acte, par M. ALEXANDRE FLAN, musique de M. ANDRÉ SIMIOT	» 60
Deux Reines de France, drame en cinq actes, par ALEXANDRE DE NOIRVILLE	2 »
Charlotte Corday, tragédie en cinq actes, par SALLE, publiée par M. G. MOREAU CHASLON	8 »
Le Mangeur de Fer... à cheval, parodie, par MM. J. DESCHAMPS et G. MAROT	» 60
La Charité, pièce de vers récitée, au Théâtre des Nouveautés, par MM. G. MAROT et J. DESCHAMPS	» 25
A la Salle de police, croquis militaire en un acte, par MM. P. DE RENNEVILLE et NANTULLE	» 60
Prête-moi ton Nom, vaudeville en un acte, par CH. DIGUET	» 60
L'Anneau du Diable, comédie-vaudeville en deux actes, par Mme CLÉMENCE BADÈRE	» 25
Le Duc de Savoie, drame, par M. ÉLIACIM JOURDAIN	1 »
La Fosse aux Ours, quatre comédies et un drame, par M. DUVEYRIER-MÉLESVILLE fils	2 50
Washington, drame historique. **Les Amis de César**, comédie romaine, par M. J. LESGUILLON	2 »
Théâtre complet de CHRISTIEN OSTROWSKI, deux vol. in-18	6 »

Paris. — Typ. Morris et Ce, rue Amelot, 64.

www.ingramcontent.com/pod-product-compliance
Lightning Source LLC
Chambersburg PA
CBHW060517050426
42451CB00009B/1032